BEI GRIN MACHT SICH IHR WISSEN BEZAHLT

Eliane Rittlicher

Hugo von Hofmannsthal 'Die Beiden'. Analyse und Interpretation

GRIN Verlag

Bibliografische Information der Deutschen Nationalbibliothek:

Die Deutsche Bibliothek verzeichnet diese Publikation in der Deutschen National-
bibliografie; detaillierte bibliografische Daten sind im Internet über http://dnb.d-
nb.de/ abrufbar.

Dieses Werk sowie alle darin enthaltenen einzelnen Beiträge und Abbildungen
sind urheberrechtlich geschützt. Jede Verwertung, die nicht ausdrücklich vom
Urheberrechtsschutz zugelassen ist, bedarf der vorherigen Zustimmung des Verla-
ges. Das gilt insbesondere für Vervielfältigungen, Bearbeitungen, Übersetzungen,
Mikroverfilmungen, Auswertungen durch Datenbanken und für die Einspeicherung
und Verarbeitung in elektronische Systeme. Alle Rechte, auch die des auszugsweisen
Nachdrucks, der fotomechanischen Wiedergabe (einschließlich Mikrokopie) sowie
der Auswertung durch Datenbanken oder ähnliche Einrichtungen, vorbehalten.

Impressum:

Copyright © 2014 GRIN Verlag GmbH
Druck und Bindung: Books on Demand GmbH, Norderstedt Germany
ISBN: 978-3-656-83355-0

Dieses Buch bei GRIN:

http://www.grin.com/de/e-book/283813/hugo-von-hofmannsthal-die-beiden-analyse-
und-interpretation

GRIN - Your knowledge has value

Der GRIN Verlag publiziert seit 1998 wissenschaftliche Arbeiten von Studenten, Hochschullehrern und anderen Akademikern als eBook und gedrucktes Buch. Die Verlagswebsite www.grin.com ist die ideale Plattform zur Veröffentlichung von Hausarbeiten, Abschlussarbeiten, wissenschaftlichen Aufsätzen, Dissertationen und Fachbüchern.

Besuchen Sie uns im Internet:

http://www.grin.com/

http://www.facebook.com/grincom

http://www.twitter.com/grin_com

Inhaltsverzeichnis

1. Einführung

Die vorliegende Ausarbeitung behandelt das vermutlich im Sommer 1895 entstandene Gedicht *Die Beiden* von Hugo von Hofmannsthal. Hofmannsthal datierte dieses Gedicht in seinem Brief an den Vater vom 29. September 1904 mit 1896, wobei er sich wahrscheinlich am Erstdruck orientierte. Es wurde zum ersten Mal am 25. Dezember 1896 in *der Wiener Allgemeinen Zeitung* veröffentlicht.[1]

Einer kurzen Biographie des Dichters, für die das Literatur Lexikon - Autoren und Werke deutscher Sprache[2] und die Neue Deutsche Biographie[3] als Grundlage dienten, schließt sich eine Fassung des Gedichtes *Die Beiden* an. In einer anderen Fassung liegt das Gedicht in einer leicht veränderten Rechtschreibung[4] oder gegliedert in vier statt in drei Strophen[5] vor.

In der metrischen Analyse des Gedichtes soll zunächst der Frage nach der Gattungszugehörigkeit von *Die Beiden* nachgegangen

---

[1] Vgl. Hugo von Hofmannsthal: Sämtliche Werke: kritische Ausgabe. Hg. v. Rufolf Hirsch, Clemens Köttelwesch, Heinz Rölleke, Ernst Zinn. Sämtliche Werke I, Gedichte 1. Hg. v. Eugene Weber. Frankfurt am Main: S. Fischer Verlag, 1984. (Im Folgenden zitiert als „Sämtliche Werke: kritische Ausgabe" mit Angabe der Seitenzahl.) S. 246 und 247.

[2] Literatur Lexikon: Autoren und Werke deutscher Sprache. Hg. v. Walther Killy. Gütersloh / München: Bertelsmann Lexikon Verlag, 1990. Band 5. S. 427 – 431.

[3] Neue deutsche Biographie. Hg. von der historischen Kommission der bayrischen Akademie der Wissenschaften. Berlin: Duncker & Humblot, 1972. Band 9. S. 464 – 467.

[4] Vgl. z.B. Sämtliche Werke: kritische Ausgabe. S. 50.

[5] Vgl. z.B. Hugo von Hofmannsthal: Gesammelte Werke in zehn Einzelbänden: Gedichte und Dramen I, 1891 – 1898. Hg. v. Bernd Schoeller in Beratung mit Rudolf Hirsch. Frankfurt am Main: S. Fischer Verlag, 1979. (Im Folgenden zitiert als „Gedichte und Dramen I" mit Angabe der Seitenzahl.) S. 27.

werden. Im Anschluss daran sollen der Versfuß, das Reimschema, sowie Besonderheiten in der Wortwahl und im Aufbau des Gedichtes geklärt werden.

Bei der inhaltlichen Analyse von *Die Beiden* findet besonders die Interpretation von Wilhelm Schneider[6] Beachtung. Außerdem werden die Interpretationen von Dirk Schindelbeck und Martina Lauster mit einbezogen.[7]

---

[6] Vgl. Wilhelm Schneider: *Die Beiden* von Hugo von Hofmannsthal. In: Begegnung mit Gedichten – 66 Interpretationen vom Mittelalter bis zur Gegenwart. Hg. v. Walter Urbanek. 3. neubearbeitete Auflage. Bamberg: C. C. Buchners Verlag, 1977. (Im Folgenden zitiert als „Wilhelm Schneider" mit Angabe der Seitenzahl.) S. 179 – 185.

[7] Vgl. Literaturnachweis jeweils an der betreffenden Stelle.

2. Kurze Biographie des Dichters Hugo von Hofmannsthal8

Hugo von Hofmannsthal wurde am 1.2. 1874 in Wien als einziges Kind einer begüterten Familie geboren. Er wuchs in Wien auf. Sein Vater, ein Jurist und Direktor der Wiener Central-Bodenkreditanstalt, entstammte einer seit Jahrzehnten in Wien ansässigen Fabrikantenfamilie. Die Mutter war die Tochter eines Richters.

Bereits als Schüler des Akademischen Gymnasiums veröffentlichte Hofmannsthal unter dem Pseudonym Loris die Sonette *Frage* und *Was ist die Welt?* in einem Wiener Unterhaltungsblatt. Er studierte 1892 – 1894 an der Wiener Universität Jura bis zum ersten Staatsexamen. Bis 1895 leistete Hofmannsthal ein Freiwilligenjahr beim Dragonerregiment in Brünn und Göding ab und studierte dann bis 1899 Romanistik.

Mit seinem Werk *Gestern* erregte Hofmannsthal 1891 zum ersten Mal die allgemeine Aufmerksamkeit und Bewunderung. In den folgenden Jahren schrieb der Dichter die Werke, die seinen frühen Ruhm begründeten: die Gedichte *Vorfrühling* (1892), *Ballade des äußeren Lebens* (1895), *Manche freilich...* (1896), *Lebenslied* (1896), *Der Jüngling und die Spinne* (1897) und die lyrischen Dramen *Der Tod des Tizian* (1897), *Der Tor und der Tod* (1893), *Die Hochzeit der Sobeide*

---

[8] Vgl. Literatur Lexikon: Autoren und Werke deutscher Sprache. Hg. v. Walther Killy. Gütersloh / München: Bertelsmann Lexikon Verlag, 1990. Band 5. S. 427 – 431 und Neue deutsche Biographie. Hg. von der historischen Kommission der

(1897), *Der weiße Fächer* (1897) und *Der Kaiser und die Hexe* (1897). Diese Gedichte erschienen in verschiedenen Zeitschriften und wurden meist erst Jahre später in Gedichtbänden veröffentlicht. Viele von ihnen erschienen in Stefan Georges *Blättern für die Kunst*. Mit George arbeitete Hofmannsthal seit 1891 zusammen, bis es 1906 zum endgültigen Bruch kam. Diese von Spannungen nie ganz freie Zusammenarbeit hat Hofmannsthal stark beeinflusst.

1896 und 1898 nahm Hofmannsthal an Waffenübungen in Ostgalizien teil, was sich auf seine Auffassung von Leben und Dichtung auswirkte. 1898 wurde Hofmannsthal in Wien zum Dr. phil. promoviert; den Plan zu habilitieren, gab er auf. Mit dem Verzicht auf die Habilitation fiel die Entscheidung gegen einen so genannten bürgerlichen Beruf und für den Beruf des Dichters. 1901 heiratete Hugo von Hofmannsthal die Bankierstocher Gertrud Schlesinger und zog in ein barockes Haus in Rodaun bei Wien, in dem er bis zu seinem Tod als freier Schriftsteller lebte.

Neben Lyrik und lyrischer Dramatik entstanden bis zur Jahrhundertwende zahlreiche Erzählungen und ein ausgedehntes kritisches, feuilletonistisches und essayistisches Oeuvre. Diese Arbeiten lassen eine ausführliche Aneignung kultureller Überlieferung erkennen. Auch seine rezeptive Aneignung von Techniken, Inhalten und Elementen sprachlicher Tradition von

---

bayrischen Akademie der Wissenschaften. Berlin: Duncker & Humblot, 1972. Band 9. S. 464 – 467.

Lenz, Heine, Nietzsche, Ibsen, Bourget, Bahr u.a. wird in seinem Frühwerk deutlich.

Die 90er Jahre werden als lyrisches Jahrzehnt Hofmannsthals charakterisiert. Dennoch ging die Tendenz seines Dichtens aufs Theater. Ein großer Wunsch ging für ihn in Erfüllung, als 1898 in Berlin zum ersten Mal ein Stück von ihm, *Frau im Fenster*, aufgeführt wurde. Während seiner Arbeit für die Bühne und seiner publizistischen Tätigkeit intensivierten sich seine Beziehungen zu Max Reinhardt und Richard Strauss, wodurch Hofmannsthal zahlreiche Pläne verwirklichen konnte. Unter anderem bearbeitete Hofmannsthal die Griechendramen *Ödipus und die Sphinx, König Ödipus* und *Elektra*. Neben seinen Trauerspielen *Der Turm* und *Das Leben ein Traum* erhalten auch Hofmannsthals Werke *Der Rosenkavalier, Ariadne auf Naxos, Jedermann, Die Frau ohne Schatten, Der Schwierige* und *Arabella* seinen Namen in dem Bewusstsein eines breiten Publikums.

Zu Beginn des 1. Weltkrieges wurde Hofmannsthal vom Kriegsministerium mit kulturpolitischen Aufgaben im Kriegsfürsorgeamt betraut. Aus dieser Tätigkeit erwuchsen editorische und publizistische Projekte. Hofmannsthal engagierte sich von nun an sehr in der Politik, wovon zahlreiche Aufsätze und Essays zeugen.

Nach dem Zusammenbruch der Habsburger Monarchie, der Hofmannsthal zutiefst erschütterte, wandte er sich nun Europa zu, was zum Beispiel aus dem 1917 in Bern gehaltenen Vortrag *Die Idee*

Europa hervorgeht. Auch bei diesen Bestrebungen konnte sich Hofmannsthal auf die Hilfe seiner Freunde stützen. So war er zum Beispiel seit 1901 mit dem sehr für ihn engagierten Rudolf Borchardt befreundet, der ihn nach dem Krieg auch bei seinem Unternehmen der *Bremer Presse* unterstützte, mit dem Hofmannsthal der gespaltenen Nation einen geistigen Raum durch die einigende Kraft der Sprache zu erhalten hoffte. In dem Verlag der *Bremer Presse* sind seine *Neuen Deutschen Beiträge*, sein *Deutsches Lesebuch*, seine Sammlungen *Deutscher Epigramme*, *Der Turm* u.a. erschienen.

Am 15. 7. 1929 starb Hugo von Hofmannsthal auf dem Weg zum Begräbnis seines älteren Sohnes Franz, der sich zwei Tage zuvor das Leben genommen hatte, an einem tödlichen Schlaganfall.

3. Die Beiden

Sie trug den Becher in der Hand

- Ihr Kinn und Mund glich seinem Rand -,

So leicht und sicher war ihr Gang,

Kein Tropfen aus dem Becher sprang.

So leicht und fest war seine Hand:

Er ritt auf einem jungen Pferde,

Und mit nachlässiger Gebärde

Erzwang er, daß es zitternd stand.

Jedoch, wenn er aus ihrer Hand

den leichten Becher nehmen sollte,

So war es beiden allzu schwer:

Denn beide bebten sie so sehr,

Daß keine Hand die andre fand

Und dunkler Wein am Boden rollte.[9]

---

[9] Hugo von Hoffmannsthal: Gedichte und kleine Dramen. Frankfurt am Main: S. Fischer Verlag, 1973. S. 11.

4. Analyse: *Die Beiden* von Hugo von Hofmannsthal

4.1 Analyse der Form des Gedichtes

Das Gedicht *Die Beiden* von Hugo von Hofmannsthal ist in einer zurückhaltenden Sprache formuliert. Es besteht aus drei Strophen, wobei die erste und zweite Strophe jeweils vier Verse hat; die dritte Strophe hat sechs Verse. In der Literatur ist auch eine Textfassung zu finden, in der die dritte Strophe noch einmal unterteilt ist.[10] Eine wichtige Frage, die sich aus dieser Strophenaufteilung ergibt, ist die nach der Dichtungsgattung. Der Leser tendiert dazu, *Die Beiden* in die epische Dichtung und in die Nähe der Ballade zu rücken. Hierfür spricht zum Beispiel die Verwendung des Imperfekts. Jedoch fehlt in unserem Gedicht die für eine Verserzählung oder Ballade übliche Handlung. Das Gedicht *Die Beiden* beschreibt vielmehr ein Bild, eine Szene, in der es dem Dichter nicht so sehr um das Geschehen in diesem Einzelfall geht, sondern um das menschliche Fühlen, das in dieser (ersten?) Begegnung der *Beiden* zum Ausdruck kommt.[11]

Mit der Frage nach der Gattung des Gedichtes hat sich Dirk Schindelbeck ausführlich beschäftigt. In seinem Buch über *die Veränderung der Sonettstruktur von der deutschen Lyrik der Jahrhundertwende bis in die Gegenwart* zitiert er Andrew O. Jarzi, welcher *Die Beiden* wiederum in die Nähe der Ballade rückt, wobei

---

[10] Vgl. z.B. Gedichte und Dramen I. S. 27.
[11] Vgl. Wilhelm Schneider. S. 185.

das zweckhafte Handeln auf das äußerste Minimum reduziert worden sei.[12]

Rolf Tarot hingegen spricht von einem „verkappte[n] Sonett", welches zum „Gedichttypus der Gestaltengedichte" gehöre, wie die Gedichtreihe, die Hofmannsthal unter dem Titel „Gestalten" zusammengefasst hat.[13]

Auch Werner Kraft ist der Auffassung, dass Hofmannsthal mit dem Gedicht *Die Beiden* ein Sonett geschrieben hat. Er nimmt an, dass der Dichter die Terzette zusammen gezogen hat, um den Sonettcharakter des Gedichtes zu verheimlichen.[14]

Schindelbeck argumentiert, dass, obwohl *Die Beiden* auf den ersten Blick kein Sonett nach dem Schlegel-Modell sei, es trotzdem die Sonettform erfülle. Die Sonettform versteht er hierbei als ein Versmuster, dessen einzelne Teile im Verhältnis zum Ganzen einen verschiedenen Stellenwert und Rang einnehmen.[15]

Die Beiden ist durchgehend in einem vierhebigen Jambus verfasst, wodurch es einen ruhigen und gleichmäßigen Rhythmus erhält.

Die Reimordnung verändert sich von Strophe zu Strophe: In der ersten Strophe liegt ein Paarreim (aabb) mit jeweils männlich-stumpfer Kadenz vor. In der zweiten Strophe finden wir einen umarmenden Reim (abba), wobei der erste und vierte Vers

---

[12] Vgl. Dirk Schindelbeck: Die Veränderung der Sonettstruktur von der deutschen Lyrik der Jahrhundertwende bis in die Gegenwart. Frankfurt am Main: Verlag Peter Lang, 1988. S. 75 – 79. (Im Folgenden zitiert als „Dirk Schindelbeck" mit Angabe der Seitenzahl.) S. 76.

[13] Ebd. S. 76.

[14] Vgl. ebd. S. 76.

männlich-stumpf, der zweite und dritte Vers weiblich-klingend enden. In der dritten Strophe sind die Verse nach dem Schema abccab gereimt - im zweiten und sechsten Vers mit einer weiblich-klingenden Kadenz, in den übrigen Versen mit einer männlich-stumpfen Kadenz. Durchgehend liegt ein reiner Reim vor, wodurch das Gedicht noch fließender und gleichmäßiger wirkt. Durch die Reimordnung baut Hofmannsthal eine Spannung auf: Während der Reim in der ersten Strophe sofort erfüllt wird, muss er in der zweiten Strophe über zwei Verse erwartet werden. In der dritten Strophe wird der Reim auf *Hand* und *sollte* sogar über drei Verse hinausgezögert, wodurch die Spannung noch mehr gesteigert wird.[16]

In der ersten Strophe, die dem weiblichen Wesen der *Beiden* gewidmet ist, und in der zweiten Strophe, die vom männlichen Part erzählt, stehen die Satzteile unverbunden nebeneinander. Eine logische Beziehung zwischen dem *leichten* und *sicheren Gang* und der Tatsache, *dass kein Tropfen aus dem Becher sprang*, wird im Gedicht nicht hergestellt. Auch der Zusammenhang zwischen Ursache und Wirkung in der zweiten Strophe, nämlich der Haltung des Mannes als Ursache für das Gehorchen des jungen Pferdes, wird nicht durch eine Konjunktion deutlich gemacht. Lediglich der Doppelpunkt am Ende des ersten Verses weist darauf hin.

---

[15] Vgl. Dirk Schindelbeck. S. 76 und 77.
[16] Vgl. Wilhelm Schneider. S. 184.

In der dritten Strophe aber gibt der Dichter durch die Worte *jedoch* (erster Vers), *denn* (vierter Vers) und *daß* (fünfter Vers) Begründungen und Erklärungen für das, was inhaltlich geschieht.

Auffallend sind die Parallelen im Bau und in der Wortwahl der ersten beiden Strophen. Mit wenigen, schlichten Worten erfahren wir, wer was tut: *Sie trug den Becher in der Hand* bzw. *Er ritt auf einem jungen Pferde.* Außerdem gilt es, den Gleichlauf der Verse *So leicht und sicher war ihr Gang* bzw. *So leicht und fest war seine Hand* genauer zu untersuchen.

Auffällig ist auch die vierfache Wiederholung des Wortes *Hand*. Es ist jeweils das Schlusswort des ersten Verses jeder Strophe und somit Reimwort. Zum vierten Mal kommt es im fünften Vers der dritten Strophe vor. Hier bildet es mit dem Schlusswort *fand* einen Binnenreim. Das durch die häufige Wortwiederholung und - durch die Reimstellung - auch Klangwiederholung kommt dem Wort *Hand* in dem Gedicht *Die Beiden* eine besondere Stellung zu. Nach Wilhelm Schneider kann es sogar als Leitmotiv gelten.[17]

Enjambements finden sich im dritten Vers der zweiten Strophe sowie im ersten Vers der dritten Strophe. Die Alliteration *... beide bebten...* im vierten Vers der dritten Strophe verstärkt die inhaltliche Bedeutung dieser Strophe, denn das Beben wird so klanglich nachempfunden.

---

[17] Vgl. Wilhelm Schneider. S. 180.

4.2 Inhaltliche Analyse des Gedichtes

Das Gedicht *Die Beiden* von Hugo von Hofmannsthal erzählt von einer (ersten?) Begegnung zwischen einem Mann und einer Frau. Die erste Strophe beschreibt das Mädchen, das – einen Becher mit Wein in der Hand haltend – dem Mann entgegen geht. In der zweiten Strophe wird dem Leser der Mann vorgestellt: er reitet auf einem Pferde – ihr entgegen – und bringt dieses auf lockere Art und Weise zum Stehen. Die dritte Strophe schließlich beschreibt die Begegnung der *Beiden*. Beide scheinen innerlich so aufgeregt zu sein, dass der Becher mit dem Wein zu Boden fällt, als sie ihn überreichen bzw. er ihn entgegennehmen möchte.

Zunächst einmal ist festzustellen, dass die 14 Zeilen des Gedichtes durch das Wort *Hand*, das als Leitmotiv gelten kann, zusammengehalten werden. Aufgrund seiner exponierten Stellung als Reimwort im ersten Vers aller drei Strophen, sowie als Binnenreim der dritten Strophe ist zu fragen, welche Bedeutung dem Wort *Hand* in dem Gedicht zukommt. Die Schilderung dessen, was zwischen den *Beiden* vorgeht, ist fast ausschließlich auf die Gebärde ihrer Hände beschränkt.[18] Ihre Hand hält den Becher, als sie auf den Reiter zugeht; seine Hand wiederum ist es, die das Pferd zu kontrollieren scheint. Als sich die Hände der *Beiden* näher kommen, um den Becher zu überreichen bzw. zu entgegenzunehmen, finden sie einander nicht, so dass der Wein verschüttet wird.

---

[18] Vgl. Wilhelm Schneider. S. 180.

Der Dichter teilt uns also nur Äußerlichkeiten, das von außen Sichtbare mit, das dem oberflächlichen Leser belanglos erscheinen mag. Was sich im Inneren der *Beiden* abspielt, enthält er uns vor; wir können es erahnen, sollen es aus den Gebärden der *Beiden* erschließen.

In der ersten Strophe ist die Hand des Mädchens nicht der einzige Blickpunkt, sondern über ihr Kinn und Mund wird gesagt, dass sie der Rundung des Becherrandes gleichen. Nach Wilhelm Schneider weist dieser Vergleich, die „makellose Rundung der Linien" zum einen auf das Kunstwerk des Bechers hin; zum anderen verrät sie die Jugend des Mädchens, ihre edle Rasse und ihre innere Reinheit und Harmonie.[19]

Der dritte Vers – *So leicht und sicher war ihr Gang* – ist der Grund dafür, dass *Kein Tropfen aus dem Becher sprang*. Auffällig ist jedoch der Gleichlauf mit dem ersten Vers der folgenden Strophe: *So leicht und fest war seine Hand*. Das Attribut *leicht* wird beiden zugestanden. Dem Beiwort *sicher* steht ein *fest* gegenüber. Das Wort *leicht* steht für die Anmut, die von Mann und Frau in dieser Situation ausgeht; ihr Gang ist beschwingt; er ist innerlich gelöst. Das Wort *sicher* lässt den Leser auf ein „naturhafte[s] Gefühl der unbefangenen Selbstsicherheit", ein „Ruhen und Abgeschlossensein in sich selbst" schließen, während dagegen *fest* auf eine „willensmäßige, kraftvolle Selbstbeherrschung" hindeutet.[20] Dass die *leichte, feste* Hand allein

---

[19] Vgl. Wilhelm Schneider. S. 181.
[20] Vgl. Wilhelm Schneider. S. 181.

nicht ausreicht, um das junge Pferd zum Stehen zu bringen, ist einleuchtend. Andere Bemühungen außer der *nachlässigen Gebärde* werden jedoch nicht erwähnt. Es gehört zur Haltung des Kavaliers, dass er sich seine Anstrengungen nicht anmerken lässt. Er möchte seinem Gegenüber imponieren, so dass ihn das kleine „Schauspiel" beim Bändigen des Pferdes sympathisch wirken lässt.[21]

Mit dem *jedoch* zu Beginn der dritten Strophe wird nun ein Gegensatz eingeleitet, der darauf hindeutet, dass die eben beschriebenen Einzelpersonen doch zusammengeführt werden. Dies erwartet der Leser auch, denn der Titel des Gedichts *Die Beiden* lässt kaum eine andere Vermutung zu.

Wieder wird unser Blick auf die Hand gerichtet, oder besser: auf die Hände. Denn nun sind sie einander sehr nah, wodurch das Gedicht – neben der oben erläuterten durch die Metrik erzeugten Spannung – auch inhaltlich eine Steigerung der Spannung erfährt. Ihre und seine Hand können sich aber nicht finden, *denn beide bebten sie so sehr*. Obwohl wir hier durch das einleitende *denn* eine Begründung dafür bekommen, dass der Wein verschüttet wird, gibt diese Begründung nur Auskunft über die äußerliche Bewegung. Was im Inneren der Beiden vorgeht, muss mitempfunden, also zwischen den Zeilen gelesen werden. Schneider formuliert dies folgendermaßen:

> *In der Begegnung erfahren die beiden Menschen eine Erschütterung ihres Seins. Mit einem Schlag verlieren sie ihre Sicherheit und*

---

[21] Vgl. ebd. S. 181.

Festigkeit, [...]. Die Macht, die sie erschüttert und beben macht, ist die Liebe, Liebe auf den ersten Blick, wenn es die erste Begegnung ist.[22]

Die zurückhaltende Sprache des Gedichtes steht im Zusammenhang zu der Zurückhaltung der *Beiden*. Im Augenblick ihrer ersten wirklichen Begegnung, in der sie sich aneinander verlieren, bewahren beide Haltung und Abstand. Nicht verbergen können sie jedoch das Beben, also die innere Regung, deren Ausmaß durch den verschütteten Wein offensichtlich wird.

Schindelbeck stellt nicht das Wort *Hand* in den Mittelpunkt seiner interpretatorischen Ausführungen, sondern das kleine Wort *sollte*. Er spricht von einer Choreographie der Bewegungen der Figuren in diesem „szenisch–sparsam angelegten Bühnenraum": er *sollte* den Becher annehmen. Dies misslingt, und nur dadurch kann die seelische Dimension der Szene deutlich werden. Nur durch diese Störung des äußeren Handlungsablaufes kann die innere Bewegung der *Beiden* offenbar werden.[23]

Einen etwas negativeren Interpretationsansatz finden wir bei Martina Lauster: Das Sonett *Die Beiden* sei ein „Gleichnis von der Unversöhnlichkeit zweier Schwebezustände, sobald sie einander bewu[ss]t werden und sich zu (be)greifen suchen". Sie deutet hierbei die weibliche Gestalt als „natürliche Schönheit", die

---

[22] Wilhelm Schneider. S. 182.
[23] Vgl. Dirk Schindelbeck. S. 77.

männliche Gestalt als „schönes Leben".[24] Der schwebende Ausgleich der unbewusst lebenden, nicht produzierten Schönheit der Gestalt wird durch das Bewusstsein gefährdet. Die Leichtigkeit der Geste verschwindet, sobald eine Gestalt bewusst aus ihrem Gleichgewicht austritt und in das des anderen eingreift. Mit dem Wort *Hand* assoziiert Matina Lauster das Körperliche, welches anfangs noch *leicht und sicher* bzw. *leicht und fest* auftritt. Dann aber löst das einleitende *jedoch* – aufgrund des Übergreifens der einen Gestalt auf eine andere – die körperlichen Schwerpunkte auf. Mit der Gestaltimmanenz geht der identische Lebensausdruck der Einzelpersonen verloren. Die Leichtigkeit der Gestalten geht deshalb über in die Schwere, welche zum Auslaufen des Bechers führt, zum Ende von Balance und Ausgleich.[25]

---

[24] Martina Lauster: Die Objektivität des Innenraums – Studien zur Lyrik Georges, Hofmannsthals und Rilkes. Inaugural – Dissertation vorgelegt von Martina Lauster an der Philipps – Universtiät Marburg (Lahn). Marburg (Lahn): Akademischer Verlag Hans–Dieter Heinz, 1982. (Im Folgenden zitiert als „Martina Lauster" mit Angabe der Seitenzahl.) S. 220.
[25] Vgl. ebd. S. 219 und 220.

Literaturverzeichnis

Primärliteratur:

Hofmannsthal, Hugo von: Gedichte und kleine Dramen. Frankfurt
am Main: 1973. S.11.

Sekundärliteratur:

Hofmannsthal, Hugo von: Gesammelte Werke in zehn

Einzelbänden: Gedichte und Dramen I, 1891 – 1898. Hg. v.

Bernd Schoeller in Beratung mit Rudolf Hirsch. Frankfurt am

Main: S. Fischer Verlag, 1979.

Hofmannsthal, Hugo von: Sämtliche Werke: kritische Ausgabe. Hg.

v. Rufolf Hirsch, Clemens Köttelwesch, Heinz Rölleke, Ernst

Zinn. Sämtliche Werke I, Gedichte 1. Hg. v. Eugene Weber.

Frankfurt am Main: S. Fischer Verlag, 1984.

Lauster, Martina: Die Objektivität des Innenraums – Studien zur

Lyrik Georges, Hofmannsthals und Rilkes. Inaugural –

Dissertation vorgelegt von Martina Lauster an der Philipps –

Universtiät Marburg (Lahn). Marburg (Lahn): Akademischer

Verlag Hans–Dieter Heinz, 1982. S. 219 – 221.

Literatur Lexikon: Autoren und Werke deutscher Sprache. Hg. v.

Walther Killy. Gütersloh / München: Bertelsmann Lexikon

Verlag, 1990. Band 5. S. 427 – 431.

Neue deutsche Biographie. Hg. von der historischen Kommission

der bayrischen Akademie der Wissenschaften. Berlin: Duncker

& Humblot, 1972. Band 9. S. 464 – 467.

Schindelbeck, Dirk: Die Veränderung der Sonettstruktur von der

deutschen Lyrik der Jahrhundertwende bis in die Gegenwart.

Frankfurt am Main: Verlag Peter Lang, 1988. S. 75 – 79.

Schneider, Wilhelm: „Die Beiden" von Hugo von Hofmannsthal. In:

Begegnung mit Gedichten – 66 Interpretationen vom

Mittelalter bis zur Gegenwart. Hg. v. Walter Urbanek. 3. neu

bearbeitete Auflage. Bamberg: C. C. Buchners Verlag, 1977. S.

179 – 185.